どうしても乗ってしまうんだ
先に来たほう（

JN000664

試練よ、ようこそ

空、ときどき海

みらい PUBLISHING

まえがき

わたしの名前は "空" です。

子どものころのあだ名は、

「でくのぼう」とか「うどのたいぼくさん」。

そうじも片づけも勉強も運動も、

気持ちのコントロールも苦手です。

みんなができることが、

どうして自分はできないのかなって、

ずっと悩んできました。

障害者にも健常者にもなれない

わたしの日常を、

知ってもらいたいです。

障害とか弊害はギフトだって本当かな？
わたしは障害も弊害も山盛りもっている。
それを子どものときからず――っと
"祟り"だって思ってた。

だけど、海ちゃんと出逢って
やっぱり神様からのギフトだって
つまり、"明るい祟り"だって気づいた。

発達障害

← 海ちゃん
今の職場で
出逢った
上司兼ソウルメイト

自閉症スペクトラム

7人の
パパ達

機能不全家族

IQ
68

当たりしかでないくじ

パーソナリティ障害

アダルト
チルドレン

もとヤングケアラー

PTSD

ジェンダー

目次

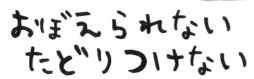

こだわりだらけの
グレーゾーン

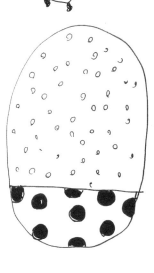

忘れたことも
すぐに忘れる

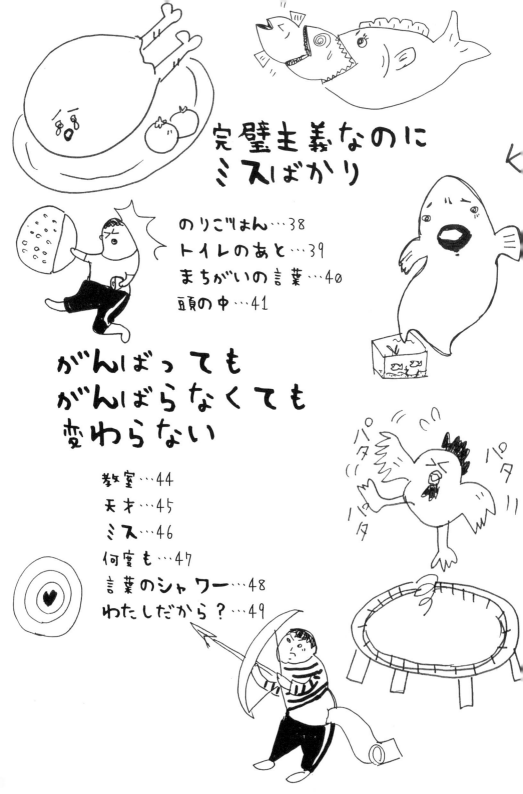

完璧主義なのに
ミスばかり

がんばっても
がんばらなくても
変わらない

それでも
がんばらずには
いられない

ちょうど いいが
わからない

電車

電車がきたら乗る
行き先は 乗ったら
大体ちがってる

それでも
どうしても乗ってしまうんだ
先に来たほうの電車に

雨の日

"かさ" は 持ってるけど ずぶぬれ

いつさしていいか わからない

タイミング むずかしい

みんなは よく "かさ" させるね

すごいね

タイミング

物が落ちても、ひろわないよ

「落ちてますよ」って教えてくれた人に

心の中でキレている

わかってるんだよ————!!

でも　今じゃない

わたしのタイミング……

電化製品

パソコンとか DVD デッキとか
欲しかったらすぐ買う
でも、箱から開けるのは早くて1か月後…
遅いと1年後…
　タイミングつかめなくて
もしこわれていても、保証期間…すぎてるよ
　新品なのに、もう新品じゃない…

いつ開けるの？
今…じゃない…

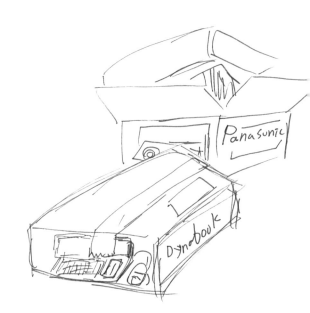

Panasonic

Dynabook

まっ、いいか

これは　わたしだけかな？
「まっ、いいかボタン」がある

専門学校に行ってたとき
まちがってとなりの学校の教室に入って
授業受けちゃった…
途中で気づいてあわてたけど…
まっ、いいか…って

犬にかみつかれたときも
痛っ！！・・・　まっ、いいか・・・

こだわりスイッチのすぐ横にあるんだよ
まっ、いいかボタン（笑）

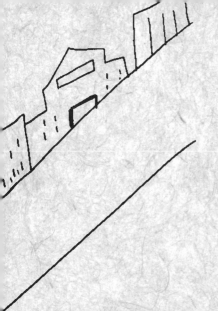

おぼえられない
たどりつけない

エレベーターとエスカレーター

スーパーマンは "スーパマン"
コーヒーは "コービ" って書いてた
　海ちゃんに教えてもらうまでずっと

エレベーターとエスカレーターの区別も

くねくねら字っぽいのがエスカレーター
　　そうじゃない方がエレベーター

学校ちがい

保育士の専門学校に入って3日目、
かつら配られておかしいなぁ～と思ったら
となりの美容学校だった

　まだ みんな 覚えてないし
ばれなかったから
カットの練習して
逃げだした

　　となりの学校って
ややっこしい

グーグルマップ

わたしにとっては ちっとも便利じゃない
北東へ行けとか 南東にすすめとか…

南東って 南なの？ 東なの？
わたしの希望は 右か左かまっすぐか
のどれかで 教えてほしいのだけど

おはし
もっ夕

お茶わん
もっ夕

わたしは これだけで
いっぱいいっぱいです

M と N

エスカレーターとエレベーターの区別は
最近大丈夫になってきたけど
　M と N の順番は　今もわからない

　これはどうやって覚えたら
いいんだろうね？

先に 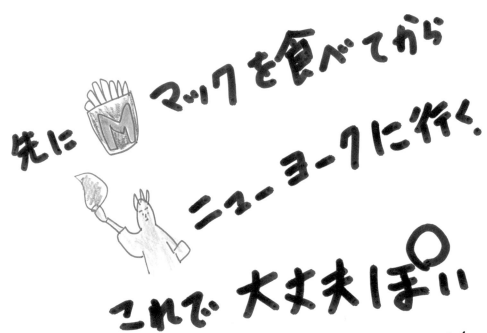 マックを食べてから
ニューヨークに行く。

これで 大丈夫ぽい

こだわりだらけの
グレーゾーン

こだわり

飲食店に入ったら、席は絶対に壁側か窓側
真ん中は苦手

卵は絶対に半熟
かたゆでは食べられない

きれいに書けてないノートは
途中でも嫌になって捨てる

ストックのストックのストックがないと
気がすまない　おかげで部屋は荷物の山だらけ

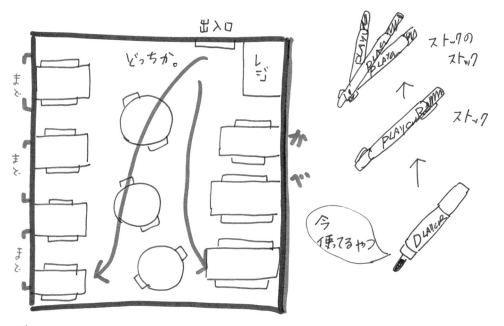

色（いろ）

コンビニでバイトしてたとき
おにぎり出（だ）すのに命（いのち）がけ
赤（あか）いパッケージの次（つぎ）はオレンジ
そのとなりは黄緑（きみどり）…
色鉛筆（いろえんぴつ）と同（おな）じに並（なら）べるの
それが崩（くず）れると嫌（いや）だから　すぐ直（なお）しにいく
他（ほか）のおかしや日用品（にちようひん）は放（ほ）ったらかし

あ〜
一個（こ）しかない
水色（みずいろ）
買（か）わないで〜

…水色（みずいろ）
じゃなく
ツナマヨと
言（い）ってくれ…
（おにぎりの気（き）もち）

25

水

わたしは　よく水をこぼす
そうすると周りの人達が
あわててフキンを探す
　なんでだろ？

「なにしてるの？　早くふかなきゃ！」って
怒ってる
だって　もうぬれてるし…
今さら急いでも…って
わたしは　ぼんやり見ていた
　　自然にかわくまで待とうかな…って

部屋

気がつけば…　ごみやしき
　ぬぎっぱなし
　　おきっぱなし
　　　出しっぱなし
物が散乱しまくった部屋

　　おちつかない（ため息…　イライラ）
　　本当はわたし…
きれい好きのけっぺき症…（笑）

忘れたことも
すぐに忘れる

忘れる

なんだか背中が軽いな♬って思ったら
リュック、ファミレスに忘れてきてる

急いでとりに行ったら
今度はファミレスにスマホを忘れ
スマホをとりに行ったら
今度はまたリュックをおいてきた

行ったり来たりが　もう日常茶飯事!!
いつもへとへと
時間がいくらあっても足りません

顔
<ruby>顔<rt>かお</rt></ruby>

<ruby>人<rt>ひと</rt></ruby>の<ruby>顔<rt>かお</rt></ruby>は　<ruby>大体<rt>だいたい</rt></ruby>でしかわからない

<ruby>同<rt>おな</rt></ruby>じ<ruby>人<rt>ひと</rt></ruby>に<ruby>何度<rt>なんど</rt></ruby>も「はじめまして」したり
<ruby>知<rt>し</rt></ruby>ってる<ruby>人<rt>ひと</rt></ruby>を<ruby>無視<rt>むし</rt></ruby>したり…

だから　みんながアニメみたいに
<ruby>毎日同<rt>まいにちおな</rt></ruby>じ<ruby>服<rt>ふく</rt></ruby>だったらいいのになぁ～って
いつも<ruby>思<rt>おも</rt></ruby>う
<ruby>雰囲気<rt>ふんいき</rt></ruby>と<ruby>色<rt>いろ</rt></ruby>で<ruby>感<rt>かん</rt></ruby>じ<ruby>取<rt>と</rt></ruby>るんだ

ゴミの日

生ゴミ捨てるかわりにカバン捨てる
生ゴミもって学校にたどりつく

ホカ弁4人分のつもりで
「いただきます」と袋あけたら生ゴミだった

ひこう機と魚の目

本は1行とばしか
2〜3行とばしのときも…
目が泳いだり とんだり
まるで 目の中にひこう機や魚が
住んでるみたい
ちゃんとがんばってみてるのに
みえてない
　　　　と——っても 疲れる

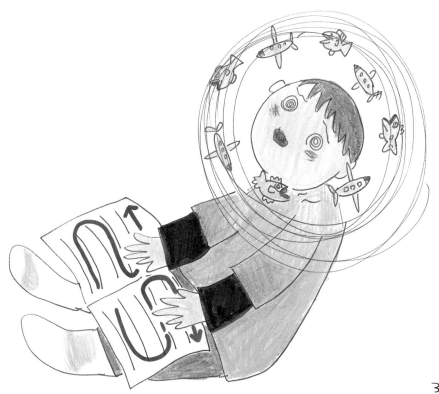

連想ゲーム

5才か6才のころ
おかんから「チーズ」のおつかいを頼まれた
わたしが買ってきたのは
　カメラのフィルムで
　おかんと親戚たちからおどろかれ
　ちょっと責められた
わたしは　悲しくなって
　頭の中がぐるぐるした

これは ADHD によくある
連想思考だったのかな？
ADHD の人の頭の中では
次々連想が始まってしまう

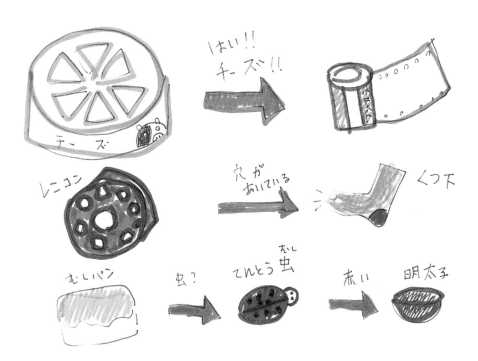

こういうこと♪　わたしの頭の中
わかってくれる人はいる？

完璧主義なのに
ミスばかり

のりごはん

おかんから
「"のり" かけてごはん食べな」って言われて
工作のりかけて食べた

おかん、びっくり
わたし、おえ————
「ちゃんと佃煮って言ってほしかった」って
言ったら　怒られた

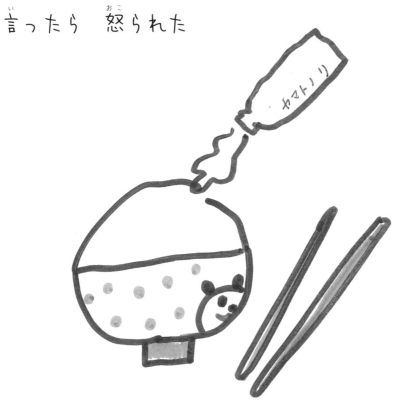

トイレのあと

① ファミレスでトイレから出たとき
　　スカートが全部パンツの中に入っていて
　　お店の人に声かけられて まっ青（はずかしい～）

パンツから
はみスカ

め、めくれて
ますよ

ウェイトレスさん

② 職場のトイレでは お尻にトイレットペーパー
　　はさんだまま 出てきてしまって…

は、は、
はさまってますよ

海ちゃん

なびく
トイレットペーパー

ゆらゆら

ひとつのことがおわる前に 次に移ってしまう から
こういうことになる

①と② 皆さんはどっちをやったことがありますか？

まちがいの言葉

言葉のまちがい はんぱない
海ちゃんに いつも直される
この作品も まちがいがいっぱいあって
わたしらしく このままいくか、
　ちゃんと直すか悩んだけど
　海ちゃんのひと声で正しくした

こんなの日常だけど
こんな大人がいても大丈夫？

頭の中

いつも苦しい　頭の中が
みんなとは違うって
ずーっと違和感　があった

とってくれ〜

脳みそがサランラップで　ぎゅうぎゅうに
何重にもまかれてるみたい
だから風も通らないし　陽もあたらない
呼吸できない
ぎゅ───って感じと
ぼんやりした感じ

41

がんばっても
がんばらなくても
変わらない

教室

せまい箱に 机とイス 40個
ぎゅうぎゅうで 何時間も
じっとしていられなかった

大人になったら 今度は電車がぎゅうぎゅうで
次に会社は ルールとか時間がぎゅうぎゅうで
それをがんばれる人達は 凄く立派な人

わたしがダメなんじゃなくて
みんなが凄すぎるんじゃん

天才

発達障害者は天才って よくいうけれど
それは 本当です
わたしは 大好きな人を困らせる天才
笑ってほしいのに怒らせる天才

役にたちたくてがんばっても
いくらがんばっても
その何倍も何倍も失敗する天才

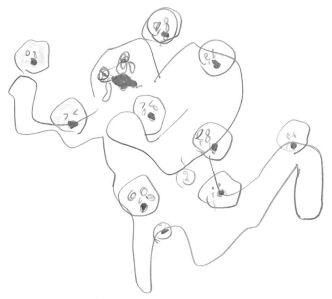

くやしい くやしい
わたしの頭はだれにも治せない
できない できない できない

ミス

ミスがおきるたびに うたがわれる
でも 本当に自分のせいのときも
けっこうあるから
強く言えなくて ファジーに
ぬれぎぬ かぶるよ

すると怪獣になりたくなる
怪獣になって 家もビルも
みーんな ぶっこわす
そんな気分になるんだよ

何度も

ケアレスミスが 止まらない
「何度も言ってるのに」って 言われる
　"何度も確認したんだよ…"って
　心の中で叫ぶ
「さっき言ったばっかりなのに」って
　言われる
　"さっき確認したばっかりなのに…"って
　また心の中で叫ぶ
わたしは何度も見た
何度も　何度も　何度も

言葉のシャワー

こんなことも できないの？

こんなことも わからないの？

そんな言葉を あびせられながら

　　いつか見返してやりたいって

　　思ってきたけど

54年 たった今も 見返せてません

わたしだから？

がんばった分だけ 失敗する
努力は大抵 実らない
喜ばせようとしては 困らせる
ジャンプして 谷底おちる

これは わたしが発達障害だから ですか？
それとも、わたしが わたしだから ですか？

それでも
がんばらずには
いられない

名前

高校生のとき
期末テストで自分の名前を書きまちがえた
そんなの漫画の中だけでしょ？って
自分でもおどろいた

人生50数年　生きてきた今も
自分の名前を　まちがえた人に
出会ったことがない
"こんなんでわたし　この先大丈夫？"って
思ってきたけどね
大丈夫っぽい

世の中も人生も
そんなにきちんとしてないっぽい

大丈夫

世の中は みんなが思ってるよりも

もっといいかげんで おもしろくて

けっこう 大丈夫なことばっかりだって

気づいた

このまんま

親から もらった頭と体、それと命
それは みんなと一緒
　ちょっと 見えてる世界が ちがうだけ
下手くそだけど 少ないけど 友だち作れた
今のわたしの宝もの

人を大好きな気持ちも　幸せをうけとる心も
発達障害でも　そうでなくても
　おんなじ
　だからわたしはこのまんまがいい

ぐるぐる　走り続けるよ
昨日も今日も明後日も

しゅっぽ
　しゅっぽ
　　しゅっぽっぽ〜♬

明るい祟りを
たずさえて

これが
わたしの生きる道

57

海のあとがき

空ちゃんとの出会いから、7年の時が過ぎようとしています。

奇想天外な空ちゃんとの日々は、喜怒哀楽に満ちた人生ドラマの連続です。そして私は、空ちゃんが大好きで、どんな生き辛さからも逃げない姿勢を、心から尊敬しています。

「空ちゃんは健常者域か、それとも障害者域か？　その境界線の基準は何なのか？」

これは、私たちが出会ってからずっと語り合ってきたテーマでした。

20年以上、空ちゃんを見守り続けてくださっている主治医のY先生は、今が空ちゃんの人生をより良い方向に導く絶妙なタイミングだと、障害者認定への道筋を創ってくださいました。この本が出るころ、空ちゃんは、障害者手帳を取得することになります。

そして、空ちゃんと私は、スピリチュアルな能力をもつ内科医・X先生とも出会いました。

X先生は空ちゃんの人生を透視して「よく頑張って生きてきたね。辛いことがあっても両手を高く広げて、『試練よ、ようこそ！』って気持ちで、怖がらないで立ち向かうのだよ。逃げると苦難は追いかけてくるからね」と、涙をながしながら仰いました。先生の温かい心に感動し、その言葉に今も勇気づけられているのです。

「明るい祟り」とは、困難な道のりを突破する空ちゃんの人生そのもののようです。
この本が、他者の視点やひとりひとりの気持ちを考えるきっかけになってくれたらと願っています。この本を読んでくださったあなたに、心からの愛を贈ります。

最後になりますが、みらいパブリッシングの松崎社長および編集長・川口光代さんをはじめとする関係者の皆さま、素晴らしい本を一緒に創ってくださり、ありがとうございました。

海

空 のあとがき

生きづらさで悩み続けてきたわたしに、
海ちゃんは「空ちゃんの人生を本にしよう！　一緒にやろう！」と言ってくれました。
その時から本を作ることが2人の大きな目標になり、
5年目に果たすことができて、ものすごく嬉しいです。

海ちゃん、雨の日も風の日も大嵐の日も、いつも一緒にやってきてくれてありがとう。

出版社の皆さま、わたしたちの夢を叶えてくださってありがとうございます。
そしてこの本を読んでくださった皆さま、本当にありがとうございます。

苦しかったことも辛かったことも全部 Happy にかわり、
わたしは世界一の幸せものです。

空

空
1970年生まれ。波乱万丈な家庭環境の中で育つ。
自称 "障害のデパート"。いろいろな障害や弊害を乗り越えながら
生き抜いてきた。
ユーモアと負けず嫌いを武器に、七転八倒しながら成長しているス
テージクリアな人生。
感情優位型。喜怒哀楽の激しいケロケロさん。"継続"したい人。
不自由の服を着た自由人。
こだわりは「愛」。

海
1973年生まれ。いわゆる "普通" の真面目な家庭で育つ。
外資系企業の一般職を経て障害福祉施設に転職し、空と出会う。
異文化への興味が尽きないワールドトラベラー。
思考優位型。クールで強そうに見える繊細さん。"変化"したい人。
自由の服を着た不自由人。
こだわりは「真実」。

「空、ときどき海」として作品づくりをスタートし、第11回絵本出版賞で大賞を受賞。

刊行にあたり

「普通にできない」「感情がコントロールできない」「常識にしばられたくない」「ありのままを認めてもらいたい」、そんなふうに悩む人は少なくないと思います。

空さんが今日まで葛藤を綴ってきた絵日記には、誰かのものさしで測られることや、分類されることへの苦痛もたくさん描き出されていました。絵と文字は訴えているように、躍っているように、空さんの経験や思想を表していました。

「障害者手帳は、患者さんが努力しても補えない部分について支援を得やすくし、より良く生きる援助のためにある。一方で、手帳が足を引っ張る存在になってはいけない」
主治医の先生はそう考え、あえて障害者の申請をせず、空さんが自分と向き合えるように忍耐強く応援しました。そして、挫折を繰り返しながらも努力することをあきらめなかった空さんの姿は、周囲の人の心を動かしてきました。
「障害者だからですか？　わたしだからですか？」とさまざまに内省し、自分の気持ちや状況を多くの人に伝える力を、空さんは伸ばしてきたのです。

それぞれが違う人間であることを受け入れ、お互いの個性を認め合っていけるような社会に。そして少しでも自分を好きになれるように。
空さんのユニークな絵とエピソードが海さんという絶好のパートナーとのコラボレーションにより、凝っていた頭をほぐして勇気を与えてくれる作品へと昇華しました。
私たちも空さん海さんと同じ、今を勇敢に生きるサバイバーなのです。

編集部
川口光代

63

共に生きる世界
シリーズ

どうしても乗ってしまうんだ
先に来たほうの電車に

明るい祟り　試練よ、ようこそ

著者　空、ときどき海

2024年6月25日　初版第1刷

発行人　松崎義行
発　行　みらいパブリッシング
　　　　〒166-0003
　　　　東京都杉並区高円寺南 4-26-12 福丸ビル6F
　　　　TEL 03-5913-8611　FAX 03-5913-8011
　　　　https://miraipub.jp　mail：info@miraipub.jp
　　　　企画協力　Jディスカヴァー
　　　　編集　川口光代
　　　　ブックデザイン　堀川さゆり
発　売　星雲社（共同出版社・流通責任出版社）
　　　　〒112-0005 東京都文京区水道 1-3-30
　　　　TEL 03-3868-3275　FAX 03-3868-6588
印刷・製本　株式会社上野印刷所

非営利使用許諾済
この本は、非営利目的の「朗読・読み聞かせ・
SNS 投稿」に使用することを著者と出版社が承
諾しています。ただし事前にご連絡のうえ、本
のタイトル・著者名・出版社名を明示、使用後
報告をお願いいたします。また書評や紹介の目
的での引用は自由です。みらいパブリッシング・
権利使用担当　電話 03-5913-8611

絵本出版.com
プロデュース

著者にメッセージを送る
絵本の歌を聴く♪
幼稚園・保育園向け絵本キャンペーン案内
みらい絵本サブスクに申し込む